108 Citations d'Amma sur la Béatitude

Mata Amritanandamayi Center, San Ramon
Californie, États Unis

108 Citations d'Amma sur la Béatitude

Publié par :
　　Mata Amritanandamayi Center
　　P.O. Box 613
　　San Ramon, CA 94583
　　États-Unis

---------- 108 Quotes on Bliss (French) ----------

Copyright © 2017 Mata Amritanandamayi Center,
　　P.O. Box 613, San Ramon, CA 94583, États-Unis

Tous droits réservés. Aucune partie de cette publication ne peut être enregistrée dans une banque de données, transmise ou reproduite de quelque manière que ce soit sans l'accord préalable et la permission expressément écrite de l'auteur.

Première édition : mars 2017

En France :
　　Ferme du Plessis
　　28190 Pontgouin
　　www.ammafrance.org

En Inde :
　　inform@amritapuri.org
　　www.amritapuri.org

1

Mes enfants, nous sommes la lumière du Divin- l'Atman (le vrai Soi) éternel, libre et rempli de béatitude. Avancez avec innocence, foi et persévérance et vous découvrirez la béatitude du Soi en vous.

2

Le Divin est en chacun, dans tous les êtres, dans tout ce qui est. Comme l'espace, Dieu est partout, il pénètre tout, il est tout-puissant et omniscient. Dieu est le principe de vie, la lumière intérieure de la conscience, et cette conscience est pure béatitude. C'est notre véritable Soi. Le secret de la béatitude se révèle lorsque nous contemplons la nature du Soi. Quand il n'y a plus de vagues dans le mental, on s'aperçoit que tout ce que l'on cherche est déjà en soi.

3

Chaque fois que vous en avez l'inspiration et le temps, retirez-vous dans la solitude et essayez de visualiser toute chose comme étant pure lumière, conscience et béatitude.

4

Il est bon pour les chercheurs spirituels de passer un peu de temps à regarder le ciel. Contemplez l'étendue du ciel et essayez de vous fondre dans cette immensité sans forme où, seule, règne la béatitude absolue.

5

Tournez le regard vers l'intérieur, observez les pensées et remontez jusqu'à leur source. « Ma nature est Sat-Chit-Ananda (pur être-conscience-béatitude) », gardez toujours cette conviction.

6

Le but de cette vie humaine est de réaliser notre véritable nature : le bonheur infini. Ne gâchez pas cette opportunité précieuse de trouver le Soi et la béatitude éternelle en courant après les joies éphémères.

7

Vaine est la quête d'un cerf porte-musc cherchant l'origine de l'odeur du musc : quel que soit le temps qu'il y consacre, il ne la trouvera jamais car la source du parfum est en lui. Ainsi, la béatitude ne vient pas de l'extérieur ; elle existe en nous. Si nous contemplons cela et développons un détachement suffisant, le mental cessera alors de courir après les plaisirs extérieurs.

8

Lorsque nous abandonnons les notions de « moi » et de « mien », le chagrin disparaît et nous savourons la béatitude infinie qui demeure en nous. Mais il nous faut abandonner la notion du moi en tant qu'individu. Le bonheur est en chacun, mais nous ne réussissons pas à en faire l'expérience à cause de l'attraction et de la répulsion, apanages de l'ego.

9

Mes enfants, la béatitude est votre véritable nature et non le chagrin. Mais, que nous est-il arrivé pour que, désormais, tout soit inversé ? Le bonheur s'apparente à une humeur « étrange » alors que l'on considère le chagrin comme normal. La béatitude véritable ne s'obtient qu'en discernant entre l'éternel et l'éphémère.

10

Nous sommes tous en quête de la béatitude éternelle, mais nous ne l'obtiendrons pas des objets périssables. Comment, en cherchant le bonheur dans les objets du monde, pourrait-on atteindre la béatitude qui n'est pas de ce monde ?

11

Le bonheur qui vient du monde extérieur est passager, il ne dure jamais très longtemps. Il est là un instant pour s'envoler l'instant suivant. La béatitude spirituelle n'est pas de cette nature ; une fois que la percée finale s'est produite, que l'on a transcendé les limites du corps, du mental, et de l'intellect, la béatitude est infinie et éternelle. L'accès à cet état ultime est sans retour.

12

Voyant un homme à quatre pattes qui cherche quelque chose, son voisin lui demande : « Mais que cherchez-vous donc ? »

-Mes clefs ! », répond l'homme désespéré

Les deux hommes se mettent alors à genoux et cherchent. Au bout d'un moment, le voisin demande : « Où les avez-vous perdues ? »

-Chez moi, répond l'homme,

-Seigneur! dit le voisin, pourquoi donc les cherchez- vous ici ?

-Parce qu'on y voit plus clair ici »

De la même façon, vous cherchez le bonheur à l'extérieur alors qu'il se trouve en vous.

13

Si vous vous mettez en quête du bonheur, vous passerez à côté car le fait même de rechercher le bonheur crée l'insatisfaction et provoque une agitation intérieure. Un esprit agité ne peut pas être heureux. Votre quête de bonheur est toujours tournée vers le futur, elle n'est jamais dans le présent. Le futur est à l'extérieur, le présent, à l'intérieur. C'est à l'intérieur que la béatitude vous attend.

14

Par votre quête effrénée du bonheur, vous créez l'enfer dans votre mental. Après tout, qu'est-ce que le mental ? C'est la somme de vos insatisfactions, négativités et mécontentements. Le mental c'est l'ego et l'ego ne peut pas être heureux. Comment viser le bonheur avec un mental pareil ? Plus vous cherchez et plus vous ajoutez à votre malheur. Le bonheur apparaît seulement lorsque le mental et toutes ses pensées égocentriques disparaissent.

15

Le bonheur vient de l'intérieur. Quand un chien ronge un os, il pense que l'énergie que lui procure le sang de ses gencives écorchées vient de l'os. De la même façon, nous entretenons l'illusion que la béatitude provient d'un objet extérieur, alors qu'en réalité, elle vient de l'intérieur.

16

Jusqu'à maintenant, nous avons cru que le corps et l'esprit étaient réels. Cela nous a rendus malheureux. Maintenant, pensons de manière opposée : l'Atman seul est réel et éternel et c'est ce que nous cherchons à réaliser. Si cette pensée reste fermement ancrée dans notre conscience, nos malheurs vont s'évanouir et notre seule expérience sera la béatitude.

17

Afin d'atteindre la paix véritable et le vrai bonheur, il faut transcender le mental et ses désirs. Malgré tous vos efforts, vous ne goûterez pas la béatitude du Soi en cherchant le bonheur dans le monde. Si vous mangez du payasam (dessert de riz sucré) dans un récipient qui a contenu du tamarin auparavant, comment voulez-vous savourer le vrai goût du payasam ?

18

Le bonheur réel ne vient pas des objets extérieurs mais de la dissolution du mental. Par la méditation, nous pouvons tout obtenir, notamment la béatitude, la santé, la force, la paix, l'intelligence et à la vitalité.

19

Sans le mental, le monde n'existe pas. Tant que vous avez un mental, il y a noms et formes. Une fois le mental disparu, il n'y a plus rien. Dans cet état, vous ne connaissez ni le sommeil ni l'état de veille. Vous n'êtes pas conscient d'une quelconque existence objective. Seules demeurent une tranquillité, une béatitude et une paix parfaites.

20

Si vous vous frottez continuellement les yeux avec vigueur pour en enlever la poussière, vous ne ferez qu'accroître la douleur et l'irritation. Enlevez la poussière et tout ira bien. De même, le mental est pareil à la poussière qui s'infiltre dans les yeux ; c'est un élément étranger. Si vous voulez atteindre la perfection, la béatitude et le bonheur, apprenez à vous en libérer.

21

Notre problème, c'est que nous nous identifions à toutes les humeurs du mental. Lorsque nous sommes en colère, nous devenons la colère. Il en va de même avec la peur, l'excitation, l'anxiété, le chagrin, le bonheur. Nous faisons un avec l'émotion, qu'elle soit positive ou négative. Nous nous identifions au masque mais, en réalité, vous n'êtes aucune de ces humeurs.

Votre nature réelle, c'est la béatitude.

22

Entre un bonheur éphémère, qui culmine dans une souffrance sans fin et le malheur, et une douleur temporaire, qui mène à la paix éternelle, c'est à nous qu'il appartient de choisir.

23

Mes enfants, la souffrance provient du désir. Bien avant la création déjà, Dieu avait dit : « Vous serez toujours dans la béatitude si vous prenez ce chemin. Si vous prenez l'autre voie, cela vous mènera à la souffrance. » Mes enfants, ayant désobéi à ces paroles, vous avez continué et vous êtes tombés dans le fossé ; maintenant, vous prétendez qu'on vous y a poussés. Dieu nous a décrit les deux chemins. Il ne tient qu'à nous de décider.

24

La différence entre la béatitude spirituelle et le bonheur matériel est celle qu'il y a entre l'eau de la rivière et l'eau du fossé. Vous pouvez certes étancher votre soif en buvant l'eau du fossé, mais vous tomberez ensuite malade. Si vous buvez l'eau de la rivière, vous n'aurez plus soif et vous resterez en bonne santé.

25

Si le désir était le moyen de trouver le vrai bonheur, il y a déjà bien longtemps que nous aurions atteint la béatitude de la libération. La vie dans le monde dépend entièrement des organes sensoriels, mais nous gaspillons toute notre énergie à rechercher les plaisirs des sens. Tous les plaisirs du monde, quels qu'ils soient, amènent plus tard la souffrance.

26

Imaginez que, parce que vous aimez le piment, vous vous contentiez de manger des piments rouges lorsque vous avez faim : vous auriez la bouche en feu, et l'estomac aussi. Vous vouliez apaiser votre faim, mais maintenant, il vous faut supporter la douleur. De même, si votre bonheur dépend uniquement des objets matériels, la souffrance n'est pas loin.

27

La béatitude ne peut pas venir des objets extérieurs. On en fait l'expérience lorsque les organes des sens se fondent dans le mental par la concentration. Ainsi, si vous voulez la béatitude, efforcez-vous d'atteindre la concentration.

28

Si le bonheur vient de la concentration, c'est qu'il ne dépend d'aucun objet en particulier. On peut faire l'expérience d'un bonheur provisoire lorsqu'on se concentre sur des objets éphémères. Imaginez donc quel degré de béatitude il est possible d'atteindre si nous nous concentrons sur le Seigneur, source éternelle de toute gloire ?

29

Mes enfants, savourez la béatitude qui vient d'une concentration parfaite sur Dieu. Si vous accomplissez vos actions en Lui abandonnant votre mental, la béatitude sera vôtre pour toujours. Alors, même les évènements normalement douloureux deviendront des moments de joie.

30

Celui qui réalise Dieu est alors établi à jamais dans la béatitude suprême car la nature de Dieu est pure béatitude. Dieu n'est ni le bonheur, ni le malheur. Le bonheur est limité mais la béatitude est inconditionnelle. Le bonheur et le malheur appartiennent au monde. Dieu est béatitude au-delà de toute dualité.

31

Si vous voulez une béatitude durable et éternelle, libre à vous de prendre le chemin vers Dieu, mais il vous faudra travailler dur. Si vous désirez un bonheur provisoire, la voie du monde est disponible. Pour profiter des objets que Dieu a créés et qui lui appartiennent, peu d'efforts sont nécessaires, beaucoup moins que pour atteindre la béatitude divine.

32

Quand vous savourez les plaisirs des sens, vous éprouvez un certain bonheur, n'est-ce pas ? Il est impossible de s'élever jusqu'au plan de la béatitude spirituelle sans maîtriser cela. Si vous ne contrôlez pas les désirs maintenant, plus tard, c'est eux qui vous contrôleront.

33

Une fois le Seigneur installé dans le sanctuaire intérieur, vous l'y gardez précieusement et il n'y a plus que béatitude, non seulement à l'intérieur mais aussi à l'extérieur. Ceci est la béatitude véritable et non pas ce reflet de bonheur que l'on obtient des objets extérieurs. Pour atteindre la béatitude, il faut abandonner ce soi-disant « bonheur ».

34

Abandonnez quelque chose et réjouissez-vous ! Oubliez même que cet objet vous a jamais appartenu. Ne pensez pas que vous avez perdu quelque chose, ce n'est pas vrai, restez juste à l'aise et détendu. Comprenez que vous êtes libres, libérés d'un fardeau. L'objet en question était un poids qui a désormais disparu. C'est seulement lorsqu'on ressent le fardeau de l'attachement que l'on peut connaître la détente et la béatitude qui accompagnent le détachement et le renoncement.

35

Un homme est véritablement riche lorsqu'il garde toujours le sourire, même face au malheur. Il ne pleure pas dans le malheur et n'a pas besoin du bonheur pour se réjouir. La béatitude est sa nature même. Son bonheur ne dépend pas des objets agréables ou des évènements extérieurs. Même si un homme est extérieurement prospère, il peut être malheureux s'il perd ces richesses sans prix que sont la paix et le contentement intérieur.

36

La prospérité matérielle ne peut apporter qu'un bonheur éphémère et non la béatitude éternelle. Mais, objecterez-vous : « comment peut-on vivre sans argent ? Faut-il abandonner ses biens ? ». Selon Amma, il ne s'agit pas d'abandonner quoi que ce soit ; quand vous accordez à vos possessions la place adéquate, la béatitude et la paix deviennent votre richesse.

37

L'origine du problème n'est pas le monde, mais le mental. Soyez donc vigilants, et vous verrez les choses avec plus de clarté. La vigilance vous dotera d'un regard et d'un esprit pénétrants si bien que vous ne serez plus dupes de l'illusion. Cela vous rapprochera peu à peu de votre être véritable : la béatitude du Soi.

38

Ce qu'on entend par la solitude intérieure, c'est d'être satisfait dans son propre Soi, par le Soi et pour le Soi. Toutes les pratiques spirituelles ont pour but d'atteindre cette expérience de solitude intérieure ou de concentration du mental. Pour être heureux, nous n'avons en fait pas besoin de quoi que ce soit d'extérieur. Devenons indépendants, dépendons uniquement de notre Soi, la source même de la béatitude.

39

Même pour apprécier les plaisirs du monde, il faut un esprit tranquille. Donc, mes enfants, climatisez le mental ! Qui a un mental climatisé fait l'expérience de la béatitude en tout lieu et en tout temps. C'est à cela que nous devons aspirer. La béatitude ne provient pas des richesses ou de quoi que ce soit d'autre. Qu'est-ce qui en réalité nous procure la béatitude ? Le mental.

40

Comprenez cette grande vérité : le bonheur qui vient des plaisirs du monde n'est qu'un reflet infime de la béatitude infinie qui émane de votre propre Soi.

41

Avant de semer, il faut préparer la terre, la nettoyer, la désherber. Sinon les graines auront du mal à germer. De même, nous ne pouvons jouir de la béatitude du Soi que si nous effaçons du mental toutes les choses extérieures et le tournons vers Dieu.

42

Amma estime qu'il faut travailler dur pour obtenir la béatitude spirituelle. Elle ne veut pas que les chercheurs restent oisifs et perdent leur temps au nom de la spiritualité. Les gens viennent voir Amma pour des motifs variés, mais elle fera en sorte, d'une façon ou d'une autre, qu'ils pensent à Dieu.

43

Dieu vient à présent en dernier sur notre liste de priorités. Il devrait y figurer en tête. Si nous le plaçons en premier, tout le reste prendra sa juste place. Une fois que Dieu est dans notre vie, le monde suivra. Mais si nous embrassons le monde, Dieu, Lui, ne nous embrassera pas. Au début, il faut lutter pour établir Dieu en soi-même, mais si nous persévérons, cela nous mènera à la béatitude éternelle et au bonheur.

44

Tout gain véritable ne peut venir que du Soi. Seul le questionnement sur le Soi a une valeur éternelle et amène la paix. Connaissons « Cela » comme la vraie béatitude. Quelle joie retirez-vous à vous soucier des détails de la vie du monde ? Allez de l'avant en considérant que c'est Lui qui dirige tout. Si vous agissez ainsi, vous serez en paix.

45

Rien ne sert de blâmer le destin pour tout ce qui arrive dans notre vie. Tout est le fruit de nos propres actions. Soyez en paix et faites votre travail dans le présent pour vous créer un futur heureux et plein de béatitude. Agissez de manière juste, avec sincérité, et si quelque chose tourne mal, considérez que c'est votre karma, votre destinée ou la volonté de Dieu.

46

Donnez au mental les instructions suivantes : « Dis-moi, mon mental, pourquoi désires-tu ces choses inutiles, crois-tu encore qu'elles vont t'apporter le bonheur et te satisfaire ? Il n'en est rien. Sache que cela va épuiser ton énergie et ne t'apportera que de l'agitation et des tensions sans fin. Cesse d'errer. Retourne à ta source pleine de béatitude et demeure en paix. »

47

Le bonheur est une décision comme les autres. Prenons la ferme résolution : « Quoi qu'il arrive, je serai heureux. Je suis courageux, je ne suis pas seul. Dieu est avec moi. »

48

On essaye partout de nous vendre le bonheur par une infinie variété de techniques. On peut lire les slogans suivants : « Comment satisfaire le désir de son cœur en dix étapes faciles » ou autre publicité du même genre pour nous pousser à acheter une méthode. Quelle tristesse ! Seul le chercheur spirituel a trouvé le vrai chemin, personne d'autre. Nulle part au monde on ne nous apprend comment mourir à son ego, à ses attachements, à sa colère, à sa peur, et à tous les obstacles qui nous empêchent d'atteindre et de connaître l'amour pur, la paix parfaite et la béatitude suprême.

49

Mes enfants, votre bonheur est la nourriture d'Amma. Le bonheur d'Amma, c'est de vous voir trouver la béatitude en vous-mêmes. Amma est triste lorsqu'elle vous voit dépendre de choses extérieures, car cela implique que vous souffrirez demain.

50

Le but d'Amma est de vous aider à atteindre le plus haut niveau d'expérience et de vous amener à découvrir qui vous êtes réellement : c'est là le but du tapas, ou austérité. Etant donné que la béatitude spirituelle est, de loin, la plus grande joie qui soit, l'intensité du tapas nécessaire, ou le prix à payer pour cette béatitude sont aussi les plus grands. C'est votre vie entière qu'il faut consacrer à ce but.

51

Priez Dieu en pleurant « Seigneur, laisse-moi Te voir ! Tu es ma vie ; tu es l'Eternel. Cher mental, pourquoi courir après ces choses stupides et insignifiantes ? Elles ne pourront pas te donner le bonheur auquel tu aspires. Ce ne sont pas les choses que je t'ai demandé de rechercher ». Les prières adressées à Dieu et les questions posées au mental engendreront peu à peu une transformation.

52

Les êtres humains ont une tendance à s'accrocher à tout ce qu'ils peuvent, jusqu'à l'univers entier. Ils ne veulent rien perdre. L'amour pur exige une abnégation immense. Cela peut être très douloureux à un certain stade mais l'amour pur culmine toujours dans la béatitude éternelle.

53

Qui veut atteindre l'amour pur et la plus haute forme de béatitude doit passer par une purification. Celle-ci consiste à chauffer le mental pour en enlever toutes les impuretés et ce processus implique inévitablement la souffrance.

54

Alors que le bonheur provisoire du monde vous pousse en fin de compte dans les affres d'un chagrin sans fin, la souffrance spirituelle vous élève jusqu'à la béatitude éternelle et à la paix.

55

La paix intérieure apparaît toujours dans le sillage de la douleur. Pour atteindre la joie, il faut d'abord faire l'expérience de la douleur. Mieux vaut une souffrance initiale qui se transforme en bonheur durable qu'une satisfaction provisoire qui se termine dans une douleur sans fin. La douleur fait inévitablement partie de la vie. Si vous n'avez jamais souffert d'une manière ou d'une autre, vous ne pourrez pas vraiment connaître ou apprécier la paix et le bonheur.

56

Une fois que le Maître spirituel a commencé à opérer, il ne vous laissera pas partir parce qu'aucun médecin ne laisserait son patient s'enfuir avant la fin d'une opération. La chirurgie du satguru, sachant qu'elle apporte la plus grande béatitude et bien d'autres bénéfices, n'est pas très douloureuse si on la compare à la phase aigüe de votre maladie. Etant donné que le maître véritable est uni à Dieu et que vous baignez dans Son amour et Sa compassion infinis, votre souffrance sera considérablement atténuée.

57

Le Maître n'est pas celui qui inflige la douleur, il est l'antidouleur. Ce n'est pas un soulagement provisoire qu'il vise mais une guérison définitive. Mais, pour une raison ou pour une autre, beaucoup de gens désirent conserver leur douleur. Même si la béatitude suprême est notre nature, il semble que, dans leur état d'esprit actuel, ils se complaisent dans cette douleur comme si elle était devenue leur seconde nature.

58

Au départ, la douleur est le prix à payer pour pouvoir jouir du bonheur. Même pour les objets du monde, l'intensité de l'effort ou du sacrifice à fournir est proportionnel au degré de bonheur que vous recherchez. Mais le bonheur spirituel est le plus grand et le plus durable, c'est pourquoi il se gagne durement : pour l'atteindre, il est nécessaire d'abandonner les objets qui donnent des plaisirs de moindre qualité.

59

L'amour de tous les êtres ne nous procurerait pas même une fraction infinitésimale de la béatitude que donne l'amour de Dieu.

60

Comme la fleur tombe quand le fruit est formé, les désirs liés au monde disparaissent quand le détachement arrive à maturité. A ce stade, aucun désir ne peut plus enchaîner la personne, qu'elle vive chez elle ou dans la forêt. Celui qui s'est fixé le but de réaliser Dieu n'accorde d'importance à rien d'autre. Il a déjà compris que sur le plan physique, rien n'est permanent et que la véritable béatitude se trouve à l'intérieur.

61

Les attachements déraisonnables que nous portons au monde viennent de notre compréhension erronée des choses et nous amènent à vivre sans conscience, alors même que nous bougeons et respirons. Si nous abandonnons ces attachements, la vie toute entière et la mort elle-même peuvent devenir une expérience de béatitude.

62

Vairagya ou le détachement, c'est le renoncement aux choses du monde, lorsque nous comprenons ceci : « La joie que je retire des objets extérieurs est transitoire et ils seront, plus tard, une source de souffrance. Le bonheur qui vient des objets du monde n'est pas permanent, il est éphémère, et donc irréel. » Cependant, pour faire l'expérience du vrai bonheur, il ne suffit pas de renoncer aux choses illusoires du monde, il faut encore atteindre ce qui est réel. On y parvient grâce à l'amour. L'amour est le chemin vers la béatitude éternelle.

63

Pensez-vous que le bonheur vient du détachement ? Non, le bonheur naît de l'amour suprême. Pour réaliser le Soi, ce qui est nécessaire, c'est l'amour. Seul l'amour vous permettra de faire l'expérience d'un détachement total et de la béatitude.

64

Ceux qui ne désirent que la réalisation ne se soucient pas du passé ou de l'avenir. Être dans le moment présent, c'est tout ce qu'ils souhaitent, car c'est là que Dieu demeure ; c'est là qu'on peut trouver la paix parfaite et la béatitude. C'est en vivant dans l'instant que vous parviendrez au calme parfait et à la tranquillité intérieure.

65

Travaillez et accomplissez vos devoirs de tout votre cœur. Essayez de faire votre travail de manière désintéressée et avec amour. Quoi que vous fassiez, faites-le de tout votre être. Vous goûterez alors la beauté et l'amour dans chacune de vos actions. L'amour et la beauté demeurent en vous. Efforcez-vous de les exprimer dans vos actes et, sans aucun doute, vous atteindrez la source même de la béatitude.

66

Prendre refuge en Dieu purifie le cœur et un cœur pur jouit constamment de la béatitude. S'abandonner à Dieu apporte la paix. Et pourtant, nous avons souvent tendance à vénérer Dieu comme s'il avait besoin de quelque chose !

67

Il est possible de mener une vie spirituelle et de vivre dans le monde comme chef de famille. Si vous gardez constamment votre esprit immergé en Dieu, vous serez aussi en mesure de connaître la béatitude du Soi. Une mère oiseau, lorsqu'elle va chercher de la nourriture, ne cesse de penser à ses petits qui l'attendent au nid. De même, si vous parvenez à garder votre esprit fixé sur Dieu lorsque vous êtes engagés dans les actions du monde, vous atteindrez facilement la béatitude.

68

Lorsque vous offrez un bouquet de fleurs à votre ami, c'est vous qui connaissez la joie de donner. Vous êtes le premier à profiter de la beauté et du parfum des fleurs. De même, lorsque nous nous consacrons au bien-être des autres, notre esprit en bénéficie car il se purifie. Le vrai bonheur est celui qui vient des actions désintéressées.

69

Pour se souvenir de Dieu, il faut être absolument et complètement dans le moment présent, oubliant passé et futur. Ce genre d'oubli permet de ralentir le mental et de connaître la béatitude de la méditation. La vraie méditation met fin à tout chagrin. C'est dans le mental seul que le passé réside, il est donc la cause de toute souffrance. Si vous lâchez le passé et le mental, vous demeurerez dans la pure béatitude de Dieu ou du Soi.

70

Mes enfants, la méditation, c'est apprendre à mourir dans la béatitude. Tout comme nous célébrons les anniversaires, puisse la mort se transformer en un moment de grande célébration et de béatitude. Par la méditation, vous pouvez apprendre à vous libérer de tout ce à quoi vous vous accrochez et vous agrippez. Puisse votre vie toute entière être la préparation d'une mort heureuse : c'est seulement lorsqu'on accepte de regarder la mort avec joie qu'il est possible de vivre vraiment heureux.

71

Vous n'êtes pas de petites mares dont l'eau stagnante devient encore plus sale avec le temps, vous êtes des rivières qui coulent pour le bien du monde. Vous n'êtes pas nés pour souffrir, vous êtes nés pour connaître la béatitude ! C'est en se déversant dans la rivière que l'eau de la mare se purifie, si elle va dans l'égout, elle n'en est que plus sale. L'égout, c'est l'attitude égoïste du « moi » et du « mien ». La rivière, c'est Dieu. Mes enfants, prendre refuge en Dieu nous apporte une joie et une paix mentale qui, émanant de notre être, bénéficient au monde.

72

Regardez les petits oiseaux qui vivent près de l'étang. Ils ne savent pas qu'ils ont des ailes. Ils ne veulent pas voler haut dans le ciel et jouir du nectar des fleurs sur les arbres qui environnent l'étang. Ils se contentent de vivre dans la boue. Et pourtant, s'ils voulaient s'élancer dans les airs et goûter au nectar, ils ne redescendraient pas dans la boue. De même, beaucoup de gens passent leur vie entière dans l'ignorance de leur essence véritable et de la béatitude qu'on éprouve en aimant Dieu.

73

Vous pouvez écrire des volumes entiers à propos de spiritualité. Vous pouvez écrire de la belle poésie à son sujet et composer des chants mélodieux à son propos. Vous pouvez parler de spiritualité pendant des heures dans une langue très belle et fleurie. Et pourtant, la spiritualité vous restera inconnue si vous ne faites pas l'expérience intérieure de sa beauté et de sa béatitude.

74

Le yoga est au-delà des mots. C'est l'expérience de l'union du jivatman (l'âme individuelle) avec le paramatman (le Soi suprême). De même qu'il est impossible d'expliquer la douceur du miel, la béatitude de cette union est indescriptible.

75

Lorsque vous devenez sucre, il n'y a plus que douceur. De même, lorsque nous sommes dans l'état de témoin véritable, seule la béatitude règne.

76

Il y a un grand avantage à suivre le chemin de la bhakti (dévotion) : nous pouvons faire l'expérience de la béatitude dès le tout début, et cela nous encourage à continuer la sadhana (pratique spirituelle). Dans d'autres voies, comme celle du pranayama (contrôle du souffle), la béatitude ne vient qu'à la fin. Comme le jacquier qui donne des fruits au bas du tronc, la bhakti offre les siens dès le début de la pratique.

77

La douceur et la béatitude procurées par une dévotion sans désir sont uniques. Bien que l'advaïta (l'état de non-dualité) soit la vérité ultime, Amma a parfois le sentiment que tout cela n'a pas de sens, et voudrait demeurer une enfant innocente devant Dieu.

78

Mes enfants, la douceur et la béatitude qu'on éprouve en chantant les gloires du Seigneur sont absolument incomparables et inexprimables. Chanter le nom du Seigneur ne peut amener qu'une satisfaction entière et parfaite. C'est pour cela que même ceux qui ont atteint cet état redescendent chanter les gloires du Seigneur avec l'attitude d'un dévot.

79

Mes enfants, priez et versez des larmes en pensant au Divin. Aucune autre sadhana ne pourra vous donner la béatitude de l'amour divin autant que les prières sincères à Dieu. Appelez-le simplement ; que cet appel vienne de votre cœur, comme un enfant qui pleure lorsqu'il a faim ou pour que sa mère le prenne et le cajole. Appelez-La avec la même innocence et la même intensité. Pleurez et priez-La et Elle se révèlera. Elle ne pourra pas rester silencieuse et impassible si quelqu'un L'appelle de cette manière.

80

La souffrance intense du désir de voir Dieu n'est pas du chagrin ; c'est de la béatitude. L'état obtenu en appelant et en pleurant pour Dieu est semblable à la béatitude du yogi en samadhi. Pleurer pour Dieu n'est certes pas une faiblesse mentale, mais nous aide plutôt à atteindre la béatitude suprême.

81

Les larmes versées pour Dieu sont de loin supérieures à celles que l'on verse pour les plaisirs triviaux et éphémères. Alors que le bonheur qui vient des objets du monde ne dure que quelques secondes, la béatitude que nous procure le souvenir de Dieu est éternelle.

82

Un vrai dévot cesse de nourrir l'ego et d'écouter l'intellect. Il n'écoute que son cœur. Mourir à son ego est la véritable mort : celle qui rend immortel. La mort de l'ego fait disparaître la mort. Lorsque l'ego meurt, vous vivez dans la béatitude éternelle.

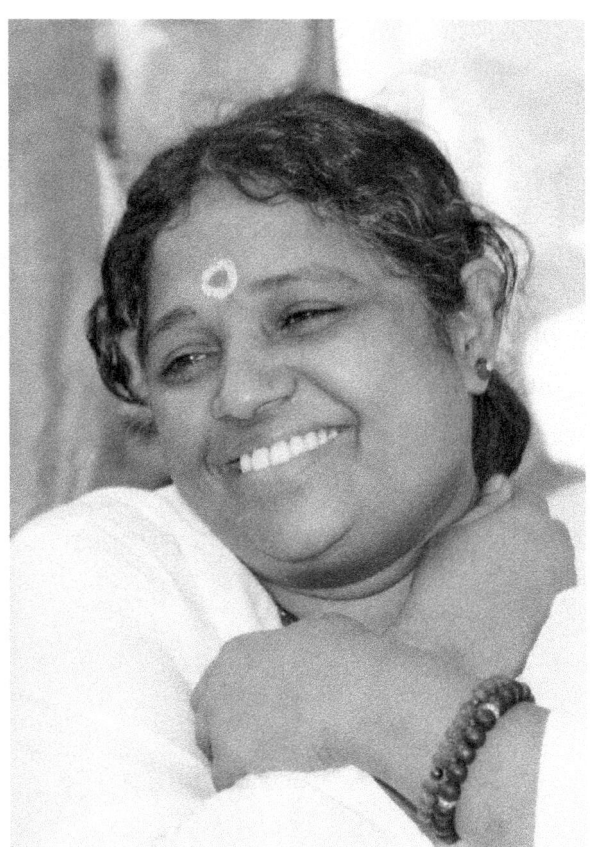

83

La méditation est l'ambroisie qui conduit à un état sans ego, où le mental n'existe plus. Lorsque vous avez transcendé le mental, vous ne pouvez plus souffrir. La méditation nous aide à tout percevoir comme un jeu exquis dans lequel toutes les expériences, y compris le moment de la mort, sont remplies de béatitude.

84

La naissance et la mort sont les deux évènements les plus intenses de la vie. Lors de ces deux expériences majeures, l'ego est relégué si loin à l'arrière-plan qu'il se trouve impuissant. Lorsque vous comprenez que la naissance et la mort ne sont ni le commencement ni la fin, la vie devient infiniment belle et remplie de béatitude.

85

La peur et la douleur que vous éprouvez à la pensée de la mort vient de l'idée que la mort va détruire tout ce que vous avez, tout ce que vous êtes, tout ce à quoi vous êtes attachés, et tout ce à quoi vous vous accrochez. Ces attachements engendrent la douleur. Si vous parvenez à vous en libérer, la souffrance de la mort se transformera en une expérience de béatitude.

86

La vérité c'est que la mort ne nous est pas naturelle : la mort est naturelle pour le corps, pas pour le Soi, qui est notre essence véritable. Le chagrin également est étranger au Soi car la béatitude est notre état naturel. Mais l'homme semble bien plus enclin à embrasser à la fois la douleur et la mort. Il ne sait plus sourire. C'est seulement en puisant dans la béatitude de l'Atman que l'on peut vraiment sourire.

87

Lorsque vous êtes en mesure de voir la Vérité, rien ne vous est étranger ou inconnu ; l'univers tout entier vous est familier, et vous souriez, pas seulement de temps en temps, mais tout le temps. Votre vie elle-même devient un grand sourire. Vous souriez à tout, constamment, dans les moments joyeux comme dans les moments difficiles. Vous pouvez même sourire à la mort.

88

L'amour et la liberté ne sont pas séparés, ils ne font qu'un. Ils dépendent l'un de l'autre. Sans amour, il ne peut y avoir de liberté ; et sans liberté, il ne peut y avoir d'amour. C'est seulement lorsque toute négativité a été déracinée que nous pouvons jouir de la liberté éternelle. C'est uniquement dans cet état d'amour pur que la belle fleur parfumée de la liberté et de la béatitude suprême pourra déployer ses pétales et s'épanouir.

89

Notre temps ici-bas est très limité. Comme un papillon qui ne vit qu'une semaine, puissiez-vous répandre le bonheur à chaque instant ! Si nous avons réussi à donner de la joie à une âme, ne serait-ce qu'une minute, notre vie est bénie.

90

Jivanmukti (la réalisation du Soi) est le summum de l'existence humaine, c'est un état dans lequel on fait constamment l'expérience de la béatitude tout en vivant dans le corps. Dans cet état, le corps n'est plus une cage dans laquelle l'âme réside car on est toujours conscient que le Soi est différent du corps. Ceux qui connaissent l'Infini, ceux qui ont réalisé la Vérité ne souffrent pas ; ils font uniquement l'expérience de la béatitude.

91

Après avoir atteint la réalisation du Soi, certains êtres se fondent dans l'éternité et, ayant atteint cet état suprême, très peu d'entre eux reviennent. Qui voudrait revenir après avoir connu l'Océan de béatitude ? Seuls quelques-uns peuvent faire ce sankalpa, cette résolution mentale de revenir : ce sankalpa est compassion, amour et service désintéressé.

92

Les Mahatmas peuvent accorder une bénédiction que Dieu même ne peut donner. Dieu est sans nom et sans forme ; on ne peut pas Le voir. Les mahatmas donnent une réalité à l'existence de Dieu et bénissent les gens en leur offrant une expérience tangible du divin. En leur présence, ils peuvent voir, sentir et faire l'expérience de Dieu. Les mahatmas accomplissent le plus grand des sacrifices : abandonner la Demeure suprême de la Béatitude pour vivre au milieu des gens ordinaires, comme l'un d'entre eux, tout en demeurant dans cette union éternelle.

93

Nous n'avons rien à offrir à ceux qui sont prêts à sacrifier leur vie pour le monde. Si nous pouvons un jour recevoir le don incomparable de la réalisation de Dieu, c'est uniquement par leur grâce. Nous ne pouvons que nous prosterner devant eux en toute humilité, et éprouver envers eux une gratitude immense car ils sont descendus jusqu'à nous et nous aident à évoluer. Ces maîtres spirituels nous guident vers la béatitude suprême, dans laquelle ils sont éternellement établis.

94

Un mahatma ou satguru a transcendé toutes les vasanas (tendances négatives innées) en ayant contrôlé tout désir et toute vague de pensée. C'est ce qui leur donne le pouvoir de sourire de tout leur cœur et de demeurer simplement le témoin amusé de toute chose. La foi dans le Satguru, source de béatitude éternelle, nous aide à être pleinement heureux et satisfait et fait de notre vie une célébration festive.

95

Célébrer, c'est s'oublier soi-même. Toute célébration est fondée sur la foi que le Soi qui est en moi et la Conscience qui soutient l'univers ne font qu'un. Lorsque l'amour et la compassion remplissent notre cœur, chaque moment devient unique, on ne se lasse jamais. Lorsque nous sommes toujours enthousiastes, heureux, et que nous nous abandonnons à Dieu, la vie se transforme en une fête pleine de béatitude.

96

Comme une goutte d'eau qui tombe dans la mer et se dissout dans sa vaste étendue, le dévot plonge dans un océan de béatitude et s'offre lui-même à l'existence. Noyé dans l'océan d'amour, il vit toujours dans l'amour. Totalement consumé par l'amour divin, son existence individuelle a disparu car il s'est fondu dans cette totalité. Il devient une offrande d'amour pour son Seigneur. Dans cet état d'amour pur, toutes les peurs, tous les soucis, tous les attachements et tous les chagrins disparaissent.

97

La spiritualité est la capacité à faire face à tout obstacle en gardant le sourire. Ayant tout abandonné à son Seigneur bien-aimé, un vrai dévot est toujours d'humeur plaisante et plein de béatitude.

98

Chez un vrai dévot, tous les conflits, toutes les divisions cessent d'exister. Il n'y a pas de place pour la haine ou la colère. A ses yeux, ceux qui le haïssent et ceux qui l'aiment sont égaux. Il considère non seulement l'amour mais aussi la colère et la haine comme prasad (bénédiction de Dieu). Un vrai dévot voit comme prasad le bon comme le mauvais.

99

La béatitude et le contentement naissent de l'absence d'ego ; cet état s'obtient par la dévotion, l'amour et un abandon de soi total au Seigneur suprême. Le contentement jaillit lorsque, vous abandonnant dans une attitude d'acceptation parfaite, vous accueillez toutes les expériences de la vie avec équanimité.

100

Amma dit parfois à ses enfants « Votre bonheur est la santé d'Amma. Amma n'a pas d'autre santé que celle-là. C'est pourquoi, mes enfants, engagez-vous dans le service désintéressé et les pratiques spirituelles sans perdre de temps, et atteignez la béatitude réelle. Votre temps est précieux, avancez donc consciemment et avec prudence vers votre but : Vérité, Conscience et Béatitude.

101

Ceux qui sont proches de Dieu connaissent une béatitude qui englobe tout. Lorsque vous avez atteint cet état, les expériences telles que le chagrin et le bonheur, le blâme et la louange, le froid et le chaud, la vie et la mort ne font que passer à travers vous. Vous demeurez au-delà, comme « le sujet de l'expérience », le substrat même de celle-ci, vous êtes le témoin de tout, comme un enfant qui joue.

102

Toute la création se réjouit. Les étoiles scintillent dans le ciel, les rivières coulent dans la béatitude, les branches des arbres dansent dans le vent, et les oiseaux chantent à tue-tête. Demandez-vous : « Pourquoi suis-je si malheureux au milieu d'une célébration si joyeuse ? ». Demandez-vous à plusieurs reprises : « Pourquoi donc ?» et vous trouverez la réponse suivante : les fleurs, les étoiles, les rivières, les arbres et les oiseaux n'ont pas d'ego et c'est pourquoi rien ne peut les blesser. Sans ego, on ne peut être que joyeux.

103

Mes enfants, lorsque l'innocence s'éveille dans nos cœurs et que nous voyons tout à la lumière de celle-ci, seule règne la béatitude.

104

Retrouvez le monde innocent et plein de béatitude de l'enfant, rempli de rires et de rayons de soleil. Il s'agit pour chacun d'éveiller cet enfant qui dort en lui car sinon, il est impossible de grandir, puisque seuls les enfants le peuvent. Il est bon de passer du temps avec les enfants. Ils nous apprennent à croire, à aimer et à jouer. Les enfants vous aident à sourire du fond du cœur et à garder un regard émerveillé.

105

Lorsque votre regard peut pénétrer au-delà du passé, du présent et du futur et voir la Réalité immuable qui réside derrière toutes les expériences changeantes, vous ne pouvez que sourire. Vous souriez avec les yeux, pas seulement avec les lèvres. Les yeux souriants de tous les grands Maîtres sont uniques : les yeux de Krishna étaient ainsi. Regardez Kali, lorsqu'elle danse sur la poitrine de Shiva. Même si son apparence est féroce, Ses yeux sourient : c'est le sourire de la béatitude de l'omniscience. Lorsque

vous contemplez la béatitude de la Réalité,
vos yeux rayonnent de joie pure.

106

Amma n'eut pas de sentiment d'étrangeté lorsqu'elle vint au monde, tout lui était absolument familier : lorsque l'on connaît tout du monde, on ne peut que sourire. Lorsqu'on voit l'univers entier comme un jeu de la Conscience divine rempli de béatitude, que faire sinon sourire ?

107

Lorsque vous comprenez que vous n'êtes pas le corps, mais la Conscience suprême, vous vous éveillez et percevez ce rêve, le monde et toutes les expériences qui lui sont associées, comme un jeu plein de béatitude. Vous riez en contemplant ce jeu exquis de la Conscience divine. Comme un enfant qui rit, s'amuse et s'émerveille des différentes couleurs d'un arc-en-ciel, vous vous mettez à rire joyeusement.

108

O Esprit divin, me vois-Tu ? Que Tes mains étincelantes répandent sur moi Ta Grâce en me donnant la force de me souvenir de Toi constamment et la douleur qui me fera T'appeler sans cesse. Tu es mon unique refuge, mon seul soutien. Que Ton monde divin est beau et rempli de béatitude ! Emmène-moi là-haut, dans Ton monde où brillent des millions d'étoiles !

www.ingramcontent.com/pod-product-compliance
Lightning Source LLC
Chambersburg PA
CBHW060159050426
42446CB00013B/2906